Coronation Of Thoughts – From My Soul To Every Heart

अंतर्मन की प्रतिध्वनि

Saurabh Srivastava

BookLeaf Publishing
India | USA | UK

Made with ❤ on the BookLeaf Publishing Platform
www.bookleafpub.in
www.bookleafpub.com

Dedication

To the silent whispers of the soul - mine and yours.

May these poems give voice to what often remains unspoken.

Dedicated to every heart that has ever felt deeply and every soul that carries an unspoken story.

To every soul that feels,
To every heart that dreams,
and To every story that deserves to be heard.
To you, the reader -
for opening these pages with trust,
for lending your heart to my words,
and for allowing your emotions to meet mine.

यह पुस्तक समर्पित है
मेरी और आपकी आत्मा की मौन फुसफुसाहटों को,
ये पुस्तक समर्पित है एक ख़्वाहिश को
कि इन कविताओं के माध्यम से,
उन भावों को स्वर मिले जो अक्सर मन में रहकर भी
शब्द नहीं बन पाते।
ये पुस्तक समर्पित है उस हर एक हृदय को
जो गहराई से महसूस करता है।
ये पुस्तक समर्पित है हर उस आत्मा को
जो अपनी अनकही कहानी लिए चलती है।

ये पुस्तक समर्पित है हर संवेदनशील रूह के नाम,
हर सपने देखने वाले दिल के नाम,
और हर उस कहानी के नाम जो सुने जाने की हकदार है।
ये पुस्तक समर्पित है आपको - प्रिय पाठक,
इन पन्नों को विश्वास के साथ खोलने के लिए,
मेरे शब्दों को अपना हृदय देने के लिए,
औरअपनी भावनाओं को मेरी भावनाओं से मिलने की अनुमति देने के लिए।
“आप सभी को हृदय से धन्यवाद।"

Preface

Every heart carries a story, and every soul holds an unspoken poem.

This book is born from those quiet stories - the ones we feel deeply but often struggle to put into words.

Each poem within these pages is crafted to reach people from all walks of life, to touch emotions that live close to the heart, and to create a moment of connection between the reader and their own inner world.

These poems are threads woven from my thoughts, my experiences, and the whispers of my soul. Written with the simple intention of connecting, they travel through many shades of life - motivation, love, relationships, family, emotions, and even reflections on the world around us. Some poems may comfort you, some may echo your unspoken feelings, and some may inspire you to rise, reflect, or simply breathe a little easier.

This collection is not just a book - it's a companion to moments such as :

Moments of joy.

Moments of pain.

Moments of hope.

Moments of truth.

As you turn each page, I hope you find a part of yourself in these words. And if even one poem stays with you, healing you, encouraging you, or helping you feel understood, then the purpose of this book will be fulfilled.

Thank you for opening these pages.

Thank you for sharing this journey of emotions with me.

हर दिल अपने भीतर एक कहानी सँजोए रखता है,और हर आत्मा में एक अनकही कविता बसी होती है।

यह पुस्तक उन्हीं शांत कहानियों से जन्मी है- वे भाव जो हम गहराई से महसूस करते हैं,पर शब्दों में ढालने में अक्सर हिचकते हैं।

इन पन्नों में लिखी हर पंक्ति जीवन के हर रास्ते से आने वाले लोगों तक पहुँचने के लिए रची गई है,ताकि यह दिल के बेहद करीब छिपी भावनाओं को छू सके और पाठक के भीतर बसे अपने ही संसार से एक मधुर जुड़ाव का क्षण बना सके।

ये कविताएँ मेरे विचारों,अनुभवों और आत्मा की अनसुनी फुसफुसाहटों से बुने हुए धागे हैं। जुड़ाव की सरल भावना से लिखी गई ये रचनाएँ जीवन के अनेक रंगों से होकर गुजरती हैं - प्रेरणा, प्रेम, रिश्ते, परिवार, भावनाएँ,और हमारे आसपास की दुनिया की हलचल। कुछ कविताएँ आपको सुकून देंगी,कुछ आपके मन की अनकही भावनाओं को प्रतिबिंबित करेंगी, और कुछ आपको उठने, सोचने या बस थोड़ी राहत लेने की प्रेरणा देंगी।

यह संग्रह मात्र एक पुस्तक नहीं ,ये कुछ पलों का एहसास भी है जैसे :

आनंद के पल

दर्द के पल

आशा के पल

सत्य के पल

जैसे ही आप हर पृष्ठ पलटेंगे, मुझे आशा है कि इन शब्दों में आपको अपने ही मन का एक अंश मिलेगा और यदि कोई एक भी कविता आपके साथ ठहर जाए - आपको सँभाले, प्रेरित करे,या आपको अपने भावों में समझा हुआ महसूस कराए तो इस पुस्तक का उद्देश्य पूर्ण हो जाएगा।

इन पन्नों को खोलने के लिए धन्यवाद।

मेरे साथ इस भावनात्मक यात्रा का हिस्सा बनने के लिए धन्यवाद।

Acknowledgements

This book is a reflection of countless emotions, quiet moments, and unspoken thoughts and it would not have been possible without the people who shaped my journey with their presence, support, and belief.

I express my deepest gratitude to every person who inspired, encouraged, or touched my life in ways both seen and unseen. Each of you has contributed a thread to the tapestry of thoughts that eventually found their way into these pages.

My heartfelt thanks to my family, whose unwavering support, love, and understanding gave me the strength to write from my soul. Their belief in me has been my most constant source of motivation.

I am equally grateful to the friends and well-wishers who stood by me, listened to my unspoken emotions, and reminded me that words have the power to heal and connect. Their companionship enriched the depth of my thoughts and the honesty of my poetry.

To every reader who picks up this book - thank you. You are the reason these words exist. Your willingness to open your heart, pause with these poems, and let them enter your inner world means more than I can express. If even a single poem resonates with you, comforts you, or helps you rediscover a forgotten part of yourself, then this journey has been worthwhile.

Lastly, I thank the quiet moments - the moments of joy, pain, reflection, and truth that shaped this collection.

They reminded me that the most profound stories often come from silence.

Thank you for walking with me through this emotional journey.

Your presence gives meaning to these pages.

यह पुस्तक असंख्य भावनाओं, शांत पलों और अनकहे विचारों का प्रतिबिंब है और इसके निर्माण में उन सभी लोगों की भूमिका है, जिन्होंने अपनी उपस्थिति, समर्थन और विश्वास से मेरी यात्रा को अर्थ दिया।

मैं अपने जीवन में आए हर उस व्यक्ति का हृदय से आभारी हूँ, जिसने मुझे प्रेरित किया,प्रोत्साहित किया या किसी न किसी रूप में मुझे छुआ। आप सभी ने मेरे विचारों की इस बुनावट में कहीं न कहीं अपना एक धागा जोड़ दिया है।

अपने परिवार के प्रति मैं गहरी कृतज्ञता व्यक्त करता हूँ जिनके अविचल प्रेम, समर्थन और समझ ने मुझे अपनी आत्मा से लिखने की शक्ति दी। उनका विश्वास मेरी सबसे बड़ी प्रेरणा रहा है।

साथ ही, उन सभी मित्रों और शुभचिंतकों को धन्यवाद, जिन्होंने मेरी अनकही भावनाओं को सुना, समझा और मुझे याद दिलाया कि शब्दों में जोड़ने और उपचार करने की क्षमता होती है। उनके साथ होने से ही मेरी कविताएँ और भी सच्ची, और भी गहरी बन सकीं।

इस पुस्तक को हाथ में लेने वाले हर पाठक को - दिल से धन्यवाद।
आप ही इन शब्दों के अस्तित्व का कारण हैं।
आपका इन कविताओं के लिए अपना मन खोलना, उन्हें महसूस करना और अपने भीतर उन भावों को जगह देना मेरे लिए अमूल्य है।
यदि एक भी कविता आपको छू जाए, आपको संभाल ले, या आपके भीतर छिपे किसी अहसास को पहचान दे, तो इस यात्रा को पूर्ण मानूँगा।
अंत में, मैं उन शांत पलों का भी आभारी हूँ - आनंद के, दर्द के, आशा के और सत्य के - जिन्होंने इस संग्रह को आकार दिया।
इन्हीं पलों ने सिखाया कि सबसे गहरी कहानियाँ अक्सर मौन से जन्म लेती हैं।
मेरे साथ इस भावनात्मक यात्रा में चलने के लिए धन्यवाद।
आपकी उपस्थिति ही इन पन्नों को अर्थ देती है।

1. सिमटते रिश्ते : "दौर ज़माने का"

हर रोज खुद की एक नयी पहचान में सिमट के रह जाते हैं हम,
अपनों की दामन की छाँव से दूर,खुद के अरमान में बह जाते हैं हम
इंतज़ार करती है रिश्तों की दुनिया,
हर रोज अब अपनों के एहसास का,
बदलते जीवन के हर रंग में,
किसी के साथ के विश्वाश का

क्यूँ चल रहे हैं आज हम दौडती हुई उलझनों के साथ,
लड़ रहे हैं रोज अब बदलते हालात के बन्धनों के साथ
निकल पड़ते हैं हर रोज रिश्तों को दरकिनार कर के,
खुद पर माँ बाप से ज्यादा ऐतबार कर के

सिमट जाते हैं हर रोज हम अरमान -ए- ज़िन्दगी में,
टूट जाती है रिश्तों की डोर कुछ ऐसी ही बंदगी में
मत भूल ऐ ज़िन्दगी के मुसाफिर,
रिश्तों के एहसास की परिभाषा को
रह जाएगी न आस तेरी कोई,
सुनेगा न कोई तेरी अभिलाषा को

परवरिश भी तेरी हुई है शायद,अनगिनत खुशियों के तिरस्कार से,
आज की भूल भुलैया में दूर न जा तू एक संतान के अधिकार से
माना नए दौर की दरिया में रोज दुबकी लगायी जा सकती है,
पर रिश्तों की सच्ची डोर से शायद पूरी दुनिया कमाई जा सकती है
- सौरभ

2. ज़िंदगी का एहसास:“एक नई शुरुआत”

क्यों सोचते हो तुम कि हाल-ए-ज़िंदगी किस्मत का क़सूर है,
मंज़िलों को तो बस हौसलों का दस्तूर है

ज़िन्दगी की राह में ,हर पल बदलते नज़रिया मे ,
डूबते जाते हैं हम , पनाहों की एक नयी दरिया में

फितरत है फिसलना अनजान महफ़िल की आहट में,
फिर भी संभल जाते हैं कई लोग, कुछ कदमों की डगमगाहट में

जी ले तू इसी लम्हे को क्यों वक़्त को कुछ भी याद दिलाता है,
अब उस मोड़ पर खड़ा है तू ,जहाँ वक़्त तेरे बाद ही आता है

राह की ठोकर को रख कर ज़हन में,
तू मन में फिर से उम्मीद और जज़्बात भर ले,
ज़िन्दगी हर पल में जी सकता है तू,
बस खुद को साथ लेकर फिर एक नयी शुरुवात कर ले
- सौरभ

3. माँ : "वजूद रिश्तों का"

रिश्तों के सागर में ,लेहरें तो कई अनमोल होती हैं ,
बेश कीमती होती हैं वो लहर ,जिसमें "माँ " की प्यारी बोल होती है

हर रिश्ते से बढ़कर कुदरत का एहसास होता है,
न साथ दे खुदा कभी जिस पल,
सिर्फ "माँ " का विश्वाश ही साथ होता है

रिश्तों के हर बंधन के वादे,उलझ जाते हैं उम्मीद की डोर में,
साथ रहती है सिर्फ "माँ ",हर एक मंजिल की छोर में

अपनों की भीड़ में ,
उम्मीद की हर आवाज़ अनजानों से लिपट जाती है ,
"माँ " की गोद में तो शायद पूरी ज़िन्दगी सिमट जाती है

लाचार किस्मत का जब बुरे वक़्त में जुनून होता है ,
पुकार लो बस "माँ " का नाम ,दिल को बड़ा सुकून होता है

पहली आवाज़ से मौत के आगाज़ तक साथ निभाती है "माँ ",
मुश्किल हर एक पल में सबसे पहले हाथ बढाती है "माँ "

औलाद की परवरिश में जी लेती है अपनी ज़िन्दगी ,
हर एक "माँ " की कुछ ऐसी ही होती है बंदगी

रिश्तों की दुनिया का शायद सबसे छोटा अलफ़ाज़ है "माँ ",
खुद की ख़ुशी के लिए ,औलाद की ख़ुशी की मोहताज़ है "माँ "
मुसीबतें हर रोज आती हैं ,जीवन के इस कठिन सफ़र में ,
पर शायद हर मुसीबत को दूर करने की सरताज है "माँ "

- सौरभ

4. ज़रूरत :"कुछ एहसास और कुछ उम्मीद"

झुके कंधों को,
मजबूत संस्कार का सहारा है ज़रूरत,
खामोश निगाहों को,
बस एक अपनेपन का इशारा है ज़रूरत

ख़ुदा की दहलीज पर,
सर को झुकाना है जरूरत
होठों की मुस्कान में,
आंसुओं को छुपाना है ज़रूरत

बहुत कुछ कहकर भी ,
कुछ न बताना है ज़रूरत ,
उम्मीद की विरासत में,
खुशी का खज़ाना है ज़रूरत

जिम्मेदारी के एहसास में,बेटी को ब्याहना है ज़रूरत
मां बाप के संस्कार को,ससुराल में निभाना है ज़रूरत

मां का हर एक त्याग को,समाज से छुपाना है ज़रूरत
शायद इसलिए ज्ञान के भंडार को,
उसका रोज़ चूल्हे पर जलाना है ज़रूरत

रिश्तों की नई शुरुआत पर,
दूरियों को मिटाना है ज़रूरत
गूंजती यादों की शहनाई की धुन पर,
बेवक्त गुनगुनाना है ज़रूरत

शोहरत,मोहब्बत,इबादत है ज़रूरत,
कहीं जिंदगी,कहीं मौत और कहीं शहादत है ज़रूरत

- सौरभ

5. बेबस देश :"उम्मीद का गलियारा"

कोहराम सा दीखता है हर रोज आजकल दुनिया के गलियारे में,
भ्रष्टाचार ,बेरोजगारी ,काला धन है सभी के बोल के इशारे में

कहीं पक रही है रोटियाँ सरकार की राजनीति के चूल्हों पर,
कहीं एक आवाज़ ही काफी है देश के बदले नजारे में

हर तरफ चर्चा -ए -आम है एक नई पहचान का,
अक्श सा बदल गया है मानो पूरे हिन्दुस्तान का

इतिहास तो है गवाह की आजाद हम हुए थे आन्दोलन के किनारे में,
एक नयी गूंज सी है फिर से महफ़िल-ए - मुल्क़ के गलियारे में

हैरान परेशान सा है चेहरा इस मुहीम की मुरीद का,
शायद यही है हर एक की ज़रुरत : "एहसास एक उम्मीद का "
 - सौरभ

6. देश की आवाज़ :"दामिनी उम्मीद की"

जब तक सोच में सच्चाई पर विश्वास में वहम होगा,
तब तक देश का दामन मैला और उम्मीद की दामिनी का दमन होगा

चकाचौंध रौशनी की होड़ में डूब रहे हैं अन्धकार में हम,
मानसिकता,सोच, संस्कार पर हो अमल,
तो समाज में नहीं होगा कोई गम

है ज़ज्बा अगर दिल में तो,
पूरी कायनात का बदल सकते हैं हम नज़ारा,
विश्वास की राह पर बढ़कर बस ले लो हर एक हाथ का सहारा
देश मोहताज़ है आज अपने नाम की एक सही पहचान का ,
माँ बाप के संस्कारों से दिखा दे की वजूद है तू एक इंसान का

चल साथ चले आज हम सब मिलकर एक नए किनारे पर,
और बदल दे तस्वीर समाज की आवाज़ की बुलंदी के इशारे पर

-सौरभ

7. जीवन आज कल : "एक दौर गुमसुम सा"

कुछ स्क्रीन्स में सिमट गयी है ज़िन्दगी,
लैपटॉप ,डेस्कटॉप ,मोबाइल और टेलीविज़न में,
लिपट गयी है ज़िन्दगी

वादा रोज करते हैं हम समय को खुद के दायरे में रखने का,
कुछ पल अपनों को अपनाने का,और कुछ ज़िन्दगी को चखने का

रह जाते हैं बस एक अनकही अनसुनी उलझन की दरिया में,
और लोग समझते हैं कि बदल गया हूँ में उनकी नजरिया में

मुस्कुरा देते हैं हम दूसरों की होंठों पर मुस्कान देखकर ,
भूल जाते हैं खुद की बेबसी औरों की आँखों में थकान देखकर

निकल जाते हैं हर रोज ,सोच की एक गहराई साथ लिए ,
लौट भी आते हैं घर को बस दिन भर की कमाई हाथ लिए

मेरे इस जीवन का मकसद अब बस दूर से निहारता है हमें,
कभी हंसाता ,कभी रुलाता और कभी संवारता है हमें

उमीदों के आघोष में दिन पर दिन जी लेते हैं हम,
जीवन की सच्चाई का घूँट हर रोज पी लेते है हम

सीरीज ,ड्रामा ,मूवी की कहानियों को खुद से रिलेट करते हैं अब,
साँस -बहु ,माँ - बाप और घर परिवार हर पल डिबेट करते हैं अब

रिश्तों की डोर, पैसों और अहम की ताक़त से टूट रही है,
इसी वजह से खिलखिलाती ज़िन्दगी भी हम से रूठ रही है

परेशानियों का समाधान भी अब Chat GPT पर सर्च करते हैं ,
बस सोशल मीडिया में वायरल होने की रिसर्च करते हैं

अपनों के निमंत्रण को मेल या मैसेज पर रीड करते हैं ,
रिकॉर्ड,रिप्लाई ,सेव कर के रिश्तों का डेटाबेस फीड करते हैं

ज़िन्दगी की सच्चाई से ऑफलाइन होकर ,खुद ऑनलाइन हो जाते हैं,
इंस्टा ,व्हाट्स अप्प स्टोरी और स्टेटस में बेसलाइन हो जाते हैं

कैसा नज़रिया ,कैसा दस्तूर कैसा फ़साना है ये ,
इसी सोच में आजकल सबकी जल्दी निपट रही है ज़िन्दगी

कुछ स्क्रीन्स में सिमट गयी है ज़िन्दगी,
लैपटॉप ,डेस्कटॉप ,मोबाइल और टेलीविज़न में,
लिपट गयी है ज़िन्दगी

- सौरभ

8. दिल का चिलमन:"असर बातों का"

कुछ बातों के ज़ख़्म का कसर साथ होता है,
साथ कुछ ऐसे भी होते हैं
यादों में जिनकी एक असर साथ होता है

यूँ तो आजमाते हैं सभी कसौटी की शहादत पर,
रिश्ते फिर भी निभ सकते हैं मोहब्बत और इबादत पर
क्यों पड़ते हैं बल माथे पर,
देखकर अपनों की शौहरत
लड़खड़ा जाते हैं सभी आजकल ,
बस प्यार और नज़ाकत पर

सोचता है ये बदनाम समुन्दर ,
लहरें क्यों किनारों से दूर जा रही है
किनारों पर है शायद कुछ ऐसी ठोकर ,
जो शायद उसे सता रही है

सच है शायद मीठे बोलों में अब तो ,
उलझे जज्बातों का ज़हर साथ होता है

कुछ बातों के ज़ख़्म का कसर साथ होता है,
साथ कुछ ऐसे भी होते हैं
यादों में जिनकी एक असर साथ होता है
-सौरभ

9. गुमसुम शाम : "ख़ामोश इशारा"

एक शाम फिर से है कुछ गुमसुम सी ,
कुछ यादों के बीच झांकती मासूम सी

इरादा आज भी है सूरज का चाँद के आघोष में जाने का ,
रात की चांदनी का फिर से है आलम मदमस्त ,मदहोश इतराने का

सोचता हूँ की क्या सुबह फिर से एक नया सवेरा दिखलायेगी,
क्या इठलाती हुई धुप फिर से बचपन का बसेरा लाएगी

उम्र की इस देहलीज़ पर आजमाया है,
सब राह फरिश्तों ने हमको
खुद की कसौटी पर तौला है, हर एक रिश्तों ने हमको

बस एक ही पहलु निगाहों को कुछ इशारा करती है ,
हर एक नज़रिये से बस कुदरत,
माँ -बाप और यारों को ही हमारा करती है

मौके अभी और भी आएंगे ज़िन्दगी को आज़माने के ,
चेहरे अभी और भी दिखेंगे इस बेपरवाह ज़माने के

अभी तो कारवां है पिरोया हुआ किस्मत की डोर में,
बस चलता जा तू अपनी राह एक छोर में

माना गुमसुम शाम की इस दास्तां का,
सबके लिए एक अलग नज़ारा होगा
शब्दों के इन मोतियों का ,
हर एक लिए अलग ही इशारा होगा

बस संजो लो सपने ,
आज़मा लो किस्मत का नूर
आखिर ये गुमसुम शाम ,
कब तक रहेगी रौशनी से दूर

- सौरभ

10. खता ख़याल की : “रूठे ख़यालों का इकरार”

मेरे ख़यालों ने रूठ कर इशारा जो किया ,
आज फिर कलम ने हाथों को लिखने को मजबूर कर दिया

लिख दिया कागज पर दिल का नज़राना,
और ख़याल की हर एक खता को दूर कर दिया

शुरुवात उनके नगमों की कुछ इस कदर हुई,
कि मैंने ही दिल थाम कर इरशाद कर दिया
बंद हो गयी पलकों की चिलमन उनकी,
बस मंद मंद मुस्कान से मुझे याद कर लिया

कुर्बान अगर दिल हो तो क़त्ल ए आम क्या चीज है ,
बस इसी ज़ुनून को मोहब्बत की दरिया का साहिल बना लिया
ये कदम जो खुद की राहों पर डगमगाते थे ,
अब उनके हुस्न की महफ़िल को मंज़िल बना लिया

- सौरभ

11. तज़ुर्बा : "आईना अनुभव का"

तजुर्बे के अल्फाजों को यूं ही नजर अंदाज न करो,
मां बाप के साथ से ही जीवन की गहराई नजर आती है
बढ़ाओ कदम हर रोज मगर ये याद रहे,
अपनों की महफिल में ही अपनों की सच्चाई नज़र आती है

कितने लोग मिले सफर में, कितने बिछड़ गए
कल तक का साथ निभाने वाले, ना जाने किधर गए
आईने में खुद को देख कर,हर रोज सोचता रहता हूँ
क्या खोया, क्या पाया, मैं अक्सर तौलता रहता हूँ
मुट्ठी भर जानते हैं हकीकत, बाकियों को कुछ पता नहीं है
इल्जाम मुझ पर हैं हज़ारों, पर मेरी ख़ता नहीं है
हर कोई पढ़ सकता है मेरी जिंदगी की किताब
पन्ना-पन्ना भरा है, किन्तु मैंने कुछ लिखा नहीं है

लिहाज़ करता हूं अपने संस्कारों का,खुद का संसार थोड़ी हूं
परिवार सा है ये आडंबर हम सब का ,
प्रेम ,स्नेह और सम्मान है हर एक का,
कोई बेकार थोड़ी हूं।
समझदार हूं,कोई लाचार थोड़ी हूं
क्यों समझते हो गैर हमें,
अपनों के मकानों का संसार है हमारा,
मैं सिर्फ एक किरायदार थोड़ी हूं

- सौरभ

12. आओ साथ चले : "दिल का घर -परिवार"

अगर अपनों से रिश्ते होते प्रोफेशनल ,
तो शायद हम सब न होते इतने इमोशनल

अपनों से उम्मीद को ना बनाओ अपनी ज़िद ,
बनो उनकी उम्मीद और हो जाओ फिर सबके मुरीद

है अपने तो तेरा संसार है ,
वरना हर एक शानो शौक़त बेकार है

थोड़ा सा पास आ जाना ही,
हर बेचैनी को सुकून का एहसास दिलाता है,
परिवार के साथ का एक लम्हा भी,
थके दिल को नए जुनून का आभास दिलाता है

न करो इंतज़ार , खुद ही बाँट लो प्यार ,
ज़िन्दगी न रुकेगी हर रोज की ज़द्दोज़हद से
रिश्ते तो प्यार से निभ सकते हैं न की किसी की कद से

आओ इस बेचैन ज़िन्दगी में ,
थोड़े सुकून का एहसास करते हैं
दूर होते हुए अपनों को ,
थोड़ा सा पास करते हैं

रिश्तों के सम्मान से खुद का स्वाभिमान बढ़ाओ ,
खुद की नज़रों में अपनों का अभिमान बढ़ाओ

ये वही जगह है, जहां उम्मीदें बोझ नहीं,भरोसा बनती हैं
अपनों की महफ़िल में ही ज़िंदगी की तय हुई राहें,
रोशन हमेशा रहती हैं

- सौरभ

13. खाली हाथ का सफ़र : “सांसें उधार, रूह मुसाफ़िर”

यह जिस्म तो किराये का घर है,
एक दिन खाली करना पड़ेगा
सांसे हो जाएँगी जब हमारी पूरी यहाँ ,
रूह को तन से अलविदा कहना पड़ेगा

अगर वक्त नही आया है तो बच जायेगा तू बन्दूक की गोली से भी,
मगर समय आने पर ठोकर से भी मरना पड़ेगा

मौत कोई रिश्वत लेती नही कभी,
सारी दौलत को यहीं छोड़ के जाना पड़ेगा
ना डर यूँ धूल के जरा से एहसास से तू,
एक दिन सबको मिट्टी में मिल जाना पड़ेगा

सब याद करे दुनिया से जाने के बाद,
इसलिए दूसरों के लिए भी थोडा जीना पड़ेगा

मत कर गुरुर किसी भी बात का ए दोस्त,
तेरा क्या है,क्या साथ लेके जाना पड़ेगा
इन हाथो से करोड़ो कमा ले भले तू यहाँ,
खाली हाथ आया खाली हाथ जाना पड़ेगा

ना भर यूँ जेबें अपनी बेईमानी की दौलत से,
कफ़न को बगैर जेब के ही ओढ़ना पड़ेगा

येह ना सोंच तेरे बगैर ,
कुछ नहीं होगा यहाँ
रोज़ यहा किसी को "आना"
तो किसी को "जाना" पड़ेगा

- सौरभ

14. दिल तो बच्चा है : "सपने, संघर्ष और बचपन की महक "

आज भी है बचपन है और वही बचपना है,
बस थोड़ी जद्दोजहद है और थोड़ा सा सपना है

उम्र साथ बढ़ चली है समय के,
साथ फिर भी बहना है
आज भी बचपन है और वही बचपना है

दोस्त है,रिश्ते है और परिवार अपना है
मगर आज भी बचपन है और वही बचपना है ,

तराश रही है हर एक को ज़िन्दगी,
कभी पकती है रोटी और कभी खुद को पकना है
आज भी बचपन है और वही बचपना है ,

बढ़ रहे हैं सब,फिर भी समाज को चखना है,
आज भी बचपन है और वही बचपना है

बस थोड़ी जद्दोजहद और थोड़ा सा सपना है,
आज भी बचपन है और वही बचपना है

-सौरभ

15. तलाश मासूमियत की : "बढ़ती उम्र और सपनो की राह "

आज कल शोर कहीं गुम है बचपन की मासूमियत का,
स्कूल की गलियारों में हमने बचपन को बिकता देखा है
परवरिश का बगीचा भी कुछ मुरझा सा गया है ,
जब से संस्कार के पेड़ों को कमजोर झुकता देखा है

मासूमियत का कत्ल किस के सिर पर मढ़ें,
हमें ही शौक था समझदार हो जाने का
जीना था हर पल दूसरों के लिए,
बेवजह ही हर जगह जिम्मेदार हो जाने का

अब बढ़ती उम्र ,बढ़ती यादों में खुशियों का घटता क्रम है,
आज वो दिखे थे अपनी जगह पर,
मैं पलटा तो जाना ये सिर्फ मेरा भ्रम है

-सौरभ

16. सफ़र अब तक का : “ख़्वाबों और यादों का चार दशक”

इन चालीस सालों का समय , मानो एक छोटे से पल सा था ,
एक ऐसा पल जिसने मेरा इंतज़ार किया ,
एक ऐसा पल ,जिसने हर पल एक नया एहसास दिलाया

हर एक का विश्वास ,कुछ अपने ,कुछ ख़ास ने ,
मानो ज़िन्दगी काटने के बजाये ,बस ज़िन्दगी जीना सिखा दिया

कुछ अपनों कुछ परायों की यादें तो रहेंगी ,
कुछ ख्वाब पूरे हैं ,कुछ की मुरादें तो रहेंगी

कैसे बीत गया ये लम्हा ,कुछ समझ न आया ,
अब तो ज़िन्दगी की राह पर है बस आप के प्यार का साया

चालीस साल पहले जिंदगी की महफ़िल में आना,
और आज खुद एक महफ़िल बन जाना

वो घर से दूर होना ,वो अपनों का खोना ,
वो जागना रातों को , फिर अगले दिन थक कर देर तक सोना

वो हर एक हार पर हिम्मत को थपथपाना ,
वो हंस कर जिंदगी के बाउंसर को बाउंड्री तक पहुँचाना

वो कालेज और परिवार की मस्ती, वो बेवजह की टेंशन ,
मुश्किल है अब सब कुछ करना मेंशन

बीते लम्हों को फिर से पाने की फरियादें तो रहेंगी ,
कुछ ख्वाब पूरे है ,कुछ की मुरादें तो रहेंगी

यादों का ये कारवां रोक न पाओगे,
डूब के देखो इस दरिया में खुद को भूल जाओगे

एक दिन जाना है सब कुछ यूँ ही छोड़ कर ,
गुजरे हुए हर एक लम्हों को यादों की ज़ंजीर में जोड़ कर

चेहरे पर मुस्कान है,पर कहीं न कहीं आँसुओं का दरिया है,
मगर ज़िन्दगी की यही है परिभाषा ,हर कदम बदलती ये नजरिया है.

बीता हुआ हर एक लम्हा ,यादों की एक नयी मंजिल है ,
सच है ये लेकिन कुछ लम्हों को भूलना मुश्किल है

जिंदगी की ये परछाइयां,कुछ वादे तो करेंगी ,
कुछ ख्वाब पूरे हैं, कुछ की मुरादे तो रहेंगी
कुछ ख्वाब पूरे हैं ,कुछ की मुरादे तो रहेंगी

- सौरभ

17. मेरा ठिकाना मेरी परवाह : " बस तू "

अब नैन नहीं ठहरते किसी पर,
बस तुम पर निगाह रहती है
इस लापरवाह आदमी को ,
तुम्हारी परवाह रहती है

भाग दौड़ में समझ न पाऊं,
तो मुझको जरा सी शह देना
जो भी तेरी शिकायत हो ,
मुझे पास बैठा कर तू कह देना

तू है तो एक उम्मीद है,
तू है तो दिल किसी का मुरीद है

दोस्ती का एहसास है तू ,
सबसे जुदा कुछ ख़ास है तू

यार है तू ,दिलदार है तू,
दुनिया में भीड़ तो है ,
पर उस भीड़ में भी एक संसार है तू

-सौरभ

18. रूह से रूह तक : "तेरी ज़रूरत,मेरा एहसास"

किसी पत्थर में मूरत है, कोई पत्थर की मूरत है,
लो हमने देख ली दुनिया, जो इतनी खूबसूरत है,
दुनिया अपना न समझे कभी पर मुझे खबर है,
कि तुझे मेरी ज़रूरत है और मुझे तेरी ज़रूरत है

दिल की मौसम-ए-बरसात में, तू ही मेरी रौनक है,
तेरी धड़कनों में छुपी मेरी हर छोटी-सी हसरत है

तू मुस्कुरा दे बस ज़रा, फिर क्या शिकायतें सारी,
तेरी हँसी ही मेरे इस रूह की राहत है

तेरे बिना ये सफ़र जैसे आधा-अधूरा लगता है,
हो संग जो तू हर मोड़ पर तो ये जीवन पूरा लगता है

ना तू बदल, ना मैं बदलूँ, बस यूँ ही साथ चलें,
क्योंकि तेरा होना ही तो मेरी सबसे बड़ी दौलत है।

कोई दुआ सी पूरी होती है,
जब तू होती है मेरे पास,
मानो बारिश की सुनहरी धूप में,
हो इंद्रधनुष का एहसास
कभी अनकहे नगमे तो,
कभी बातों की महारत है

कि तुझे मेरी ज़रूरत है और मुझे तेरी ज़रूरत है

ना तू बदल, ना मैं बदलूँ,बस यूँ ही साथ चलें,
क्योंकि तेरा होना ही तो,मेरी सबसे बड़ी दौलत है

कभी लंबी कहानी , कभी बस एक मुहरत है
कि तुझे मेरी ज़रूरत है और मुझे तेरी ज़रूरत है

-सौरभ

19. तेरे अक्स से रोशन - "रिश्तों का सुनहरा सफर"

जो था मैं निकला रोशन जहाँ की तलाश में,
तेरे ही अक्स से मुकम्मल हुआ ये रास्ता मेरा
तेरी मुस्कान ने हर दर्द को आवाज़ दी,
तेरे साए ने ही दिया जीने का हौसला मेरा

रिश्तों की गर्माहट में ही तो मिलती है रोशनी,
जहाँ बातें कम हों पर हो गहरे एहसास का पहरा
हाथ थाम ले कोई बस समझने की नीयत से,
तो मुश्किलों का हर धुंधलापन हो जाता है सुफ़ैरा

चलो मिलकर रिश्तों को थोड़ा और सँवार लेते हैं ,
जो भी असमंजस है उस को साथ में पुकार लेते हैं

दिलों में प्रेम का तेल हो तो होता है रोशन रिश्तों का दिया ,
बस थोड़ा सा अपनापन जोड़ दो, हर घर बन जाता है सच्ची कुटिया

छू न सके अंधेरे की परछाई भी अब हम को,
रात हो चांदनी और हो खुशिओं से रोशन हर सवेरा
दो रूहों का मिलना यूँ ही नहीं मिल जाते है दो दिल आपस में ,
ये तो किस्मत का होता है ये सुनहरा डेरा

- सौरभ

20. वक्त का तजुर्बा : "हर लम्हा एक सीख "

कीमत अपनी ले जाता है,
ये वक़्त है सभी तजुर्बे दे जाता है

कभी गुलशन की तरह खुशबू बनके हंसाता है ,
कभी पतझड़ सा आकर दिल को आजमाता है

दौलत हो या शोहरत , सब इसके संग बह जाते हैं,
क़िस्मत के मोड़ पर अक्सर फैसले ये ही लिख जाता है
ग़म की रात हो या सवेरे की पहली किरण,
ये पल ही तो है जो रंग बदलता चला जाता है

सेहत, दौलत, रुतबा सब पल-दो-पल के मेहमान,
कभी देता है सब कुछ, कभी खाली हाथ रुलाता है
आज जो है, वही सच है उसे मुस्कुरा कर जी लो,
क्योंकि गुज़रा लम्हा लौटकर कभी वही नींद नहीं सुलाता है

ज़िंदगी का संदेश यही ,हर पल को गले लगा लो,
हर पल में जी लो ,इस पल में मुस्कुरा लो
क्योंकि जीना भी एक हुनर है, जो वक़्त ही सिखाता है

कीमत अपनी ले जाता है,
ये वक़्त है सभी तजुर्बे दे जाता है

- सौरभ

21. अडिग : "मेरी ख़ामोशी मेरी ताकत"

बंजर नहीं हूँ मैं,
मुझमें बहुत-सी नमी है
दर्द बयाँ नहीं करता,
बस इतनी-सी कमी है

इस ख़ामोशी को न समझ लेना कमजोरी मेरी ,
ये मेरे सब्र की सबसे उँची सीढ़ी है
मैं गिरा हूँ कई बार, मगर टूटा कभी नहीं,
क्योंकि खुद पर यक़ीन रखना सिखाती मेरी हर पीढ़ी है

रखते हैं जो लोग हौसला अकेले चलने का ,
उनके कदमों में ही दुनिया की असली ज़मीं है।
सकारात्मक सोच जब ढाल बनकर साथ हो,
तो मुश्किलों को हराने में फिर क्या कमी है

आत्म-सम्मान मेरा मुकुट, आत्म-विश्वास मेरी तलवार,
और जीत की हर कोशिश में साथ है मेरा परिवार

खुद को खोकर खुद में ,
एक नया आकार लिया है
धरती अंबर आग हवा जल संग,
सपनों को साकार किया है

यूँ तो जेठ दुपहरी से हैं सारे रिश्ते ,
है चारों तरफ गर्म हवा आतिश अंगारे
मगर बन कर झरना दरिया झील समंदर
भीनी पुरवाई सी दिन हमने गुजारे

खुद को खोकर खुद में ,
एक नया आकार लिया है
धरती अंबर आग हवा जल संग,
सपनों को साकार किया है

बंजर नहीं हूँ मैं,
मुझमें बहुत-सी नमी है
दर्द बयाँ नहीं करता,
बस इतनी-सी कमी है

-सौरभ